Viens voir mon école

Directrice de collection : Denise Gaouette

Margaret Clyne, Rachel Griffiths
et Cynthia Benjamin

Table des matières

Les écoles autour du monde 3

L'Afghanistan 6

L'Australie.., 8

Le Canada... 10

Le Ghana 12

Le Japon 14

La Russie 16

L'Afrique du Sud 18

L'Angleterre..20

Les États-Unis......................................22

Guide de prononciation..........................24

Les écoles autour du monde

Partout dans le monde, des enfants vont à l'école.
Les enfants vont à l'école pour apprendre.
Ils ont aussi du temps pour jouer avec leurs amis.

▲ Au Mexique

▲ Au Laos

▲ Au Népal

▲ Au Brésil

Certaines écoles sont dans des grandes villes.
D'autres écoles sont dans des villages
ou dans des petites villes.

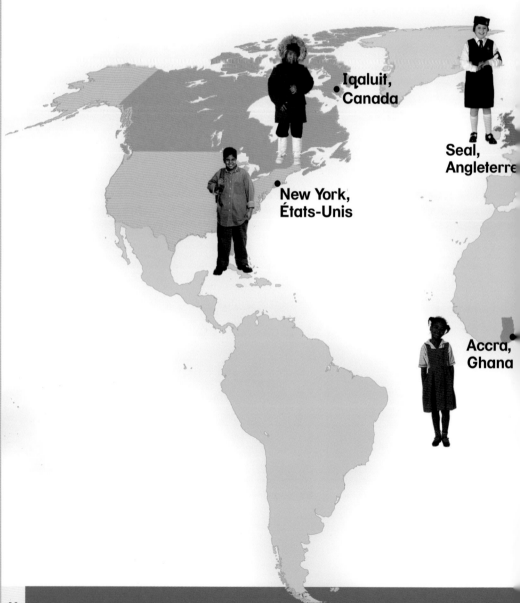

Iqaluit,
Canada

Seal,
Angleterre

New York,
États-Unis

Accra,
Ghana

Dans certaines régions, les élèves vont à l'école
en autobus, en train, en auto ou en motoneige.
Dans d'autres régions, les élèves vont à l'école
à pied.

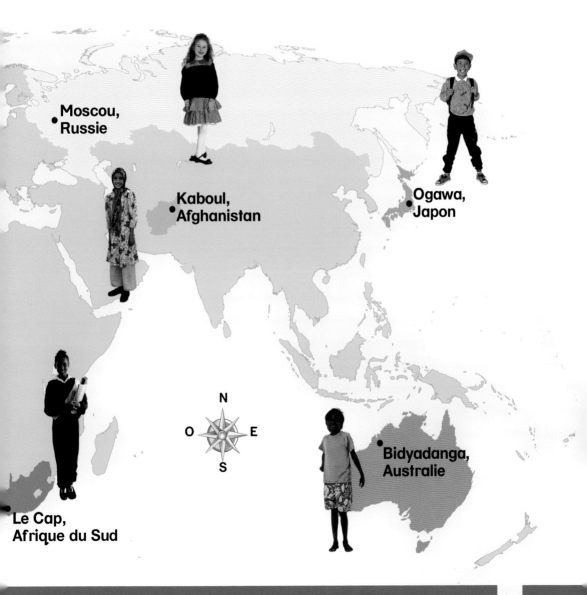

Moscou,
Russie

Kaboul,
Afghanistan

Ogawa,
Japon

N

O   E

S

Bidyadanga,
Australie

Le Cap,
Afrique du Sud

L'Afghanistan

Maria va dans une école pour filles à Kaboul.
Kaboul est une ville d'Afghanistan.
Pendant plusieurs années, les filles n'ont pas eu
le droit d'aller à l'école en Afghanistan.
Puis, les lois ont changé.
Maintenant, les filles ont leurs propres écoles.

▲ Maria marche 30 minutes pour aller à l'école.

▲ Les élèves s'assoient sur un tapis
dans la classe.

Plus tard,
Maria veut être enseignante.
Maria aime les cours de dari.
Le dari est une des langues
parlées en Afghanistan.

À la récréation,
Maria saute à la corde
et joue au soccer
avec ses amies.

Le nom de Maria
écrit en dari

▲ La récréation

▲ Les élèves portent un uniforme.

Le cahier de Maria

Maria écrit en dari
dans son cahier.
Le dari se lit
de droite à gauche.

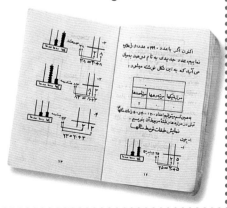

L'Australie

Rosita va à l'école à Bidyadanga.
Bidyadanga est une petite communauté
d'Australie. Cette communauté est située
à 160 kilomètres
de la ville la plus proche.

▲ L'école de Rosita

◀ Rosita
et ses amies

▲ Rosita marche sur cette route pour aller à l'école.

L'école commence à 8 heures.
Rosita apprend la lecture,
le dessin et les mathématiques.

À la récréation,
Rosita joue au basketball
et à cache-cache avec ses amies.

Le cahier de Rosita

Rosita a décrit un clown
dans son cahier.

Le Canada

Levi va à l'école à Iqaluit.
Iqaluit est une ville au nord du Canada.
Chez lui, l'hiver dure du mois d'octobre
au mois de mai.
Il tombe beaucoup de neige.
Il fait noir presque toute la journée.

Levi est inuit.
Il parle et écrit en inuktitut.
L'inuktitut est le langage des Inuits.

▼ Parfois, les élèves
vont à l'école
en motoneige.

▲ L'école de Levi

Levi aime travailler à l'ordinateur.
Il peut obtenir rapidement de l'information.
Sa ville est située à des milliers de kilomètres
d'une grande ville. La bibliothèque
et la librairie sont très loin.

Levi
et son ami ▼

Le cahier de Levi

Levi écrit en inuktitut.
Il ajoute des dessins
à ses textes.

Le Ghana

Aseye va à l'école à Accra.
Accra est la plus grande ville du Ghana.
Le Ghana est un pays d'Afrique.
Aseye aime le dessin et l'écriture.

▲ La ville d'Accra

Plus tard,
Aseye veut être médecin.
Elle étudie en anglais.
Elle apprend aussi le français.

À la récréation,
Aseye joue avec ses amies.

▲ Aseye
et ses amies

Le cahier d'Aseye

Aseye écrit des mots
en français et en anglais.

Le Japon

Daisuke va à l'école à Ogawa.
Ogawa est une ville du Japon.
L'école commence au mois d'avril
et se termine au mois de mars suivant.

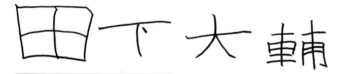

Le nom de Daisuke
écrit en japonais

◀ Daisuke
et son ami Yasuke

▲ L'école de Daisuke

Plus tard,
Daisuke veut être paléontologue.
Il veut étudier les fossiles des dinosaures.
Il apprend les mathématiques, la musique,
les sciences sociales et le japonais.
Daisuke aime les cours de sciences.

▲ Daisuke a dessiné
un dinosaure.

Le cahier de Daisuke

Daisuke a fait un travail
en sciences. Son enseignant
a indiqué en rouge
que le travail est bien fait.

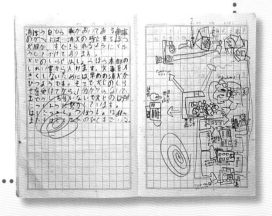

La Russie

Olia va à l'école de danse
classique russe, à Moscou.
Moscou est la plus grande ville de Russie.
En Russie, beaucoup d'enfants
vont dans des écoles
pour apprendre la danse,
la musique ou les langues.

▲ Olia va à l'école en métro
avec sa maman.

Le cahier d'Olia

Olia écrit en lettres cyrilliques.
En Russie, on utilise
l'alphabet cyrillique.

Plus tard,
Olia veut être ballerine.
Le matin, elle apprend le russe,
l'anglais, le français,
les mathématiques et les arts.
L'après-midi, elle suit des cours de ballet.

▼ Olia pratique ses pas de danse.

L'Afrique du Sud

Sbongile va à l'école
près du Cap.
Le Cap est une ville
d'Afrique du Sud.
L'école est très loin
de la maison de Sbongile.

Sa maman la réveille à 4 h 30.
Sbongile met son uniforme et déjeune.
À 5 h 50, un camion vient chercher
Sbongile pour la conduire à l'école.

▲ Sbongile et 15 autres enfants
   vont à l'école dans ce camion.

▼ Sbongile et ses amis
  travaillent souvent en équipe.

Sbongile apprend les mathématiques,
l'anglais, les sciences et l'histoire.
Elle apprend aussi l'afrikaans.
L'afrikaans est une des langues parlées
en Afrique du Sud.

À la récréation, Sbongile joue à la balle
avec ses amis. Quand il fait chaud,
les élèves se baignent dans la piscine de l'école.

Le cahier de Sbongile

Sbongile a fait un travail
en sciences.

L'Angleterre

Samantha va dans une école
pour les enfants non voyants à Seal.
Seal est une ville d'Angleterre.
Il y a environ 150 élèves dans son école.

▲ L'école de Samantha

◀ Samantha joue
au soccer
avec ses amis.

Le livre de Samantha

Samantha lit le braille.

En braille, les mots et les images
sont représentés par des points
dans le papier.

Samantha touche les points pour lire.

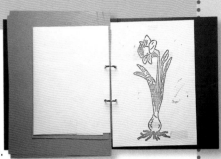

Samantha apprend les mathématiques,
les sciences, l'anglais et la géographie.
Elle a une calculatrice et un ordinateur parlants.
Samantha aime les cours de musique.
Elle compose même des chansons.

▲ La calculatrice parlante
de Samantha.

Les États-Unis

Chavy va à l'école à New York.
New York est une grande ville des États-Unis.
Il y a environ 1000 élèves dans son école.

Chavy va à l'école en autobus.
L'école est à environ 10 minutes
de la maison de Chavy.

▲ Chavy descend de l'autobus.

▲ Chavy joue aux échecs avec une amie.

▲ L'école de Chavy

Chavy aime les cours de mathématiques
et d'éducation physique. Il joue au basketball
et au football dans le gymnase.

Le vendredi, il y a des cours d'échecs à l'école.
Chavy apprend comment jouer aux échecs.

Le cahier de Chavy

Chavy aime les mathématiques.
Plus tard, il veut étudier l'informatique
et créer des effets spéciaux
dans les films.

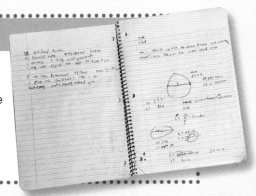

Guide de prononciation

Accra	a-kra
Afghanistan	af-ga-nis-tan
Afrikaans	a-fri-kanz
Aseye	a-sé-yé
Bidyadanga	bi-dia-dan-ga
Braille	braï
Chavy	cha-vé
Cyrillique	si-ri-lic
Daisuke	daï-sou-ki
Dari	da-ri
Ghana	ga-na
Inuit	i-nou-ite
Inuktitut	i-nouc-ti-toute
Iqaluit	i-ka-lou-ite
Kaboul	ka-boule
Levi	li-vaï
Moscou	mos-cou
Ogawa	o-ga-wa
Olia	o-lia
Rosita	ro-si-ta
Sbongile	si-bonn-gi-lé
Samantha	sa-man-ta